www.entdecke.de

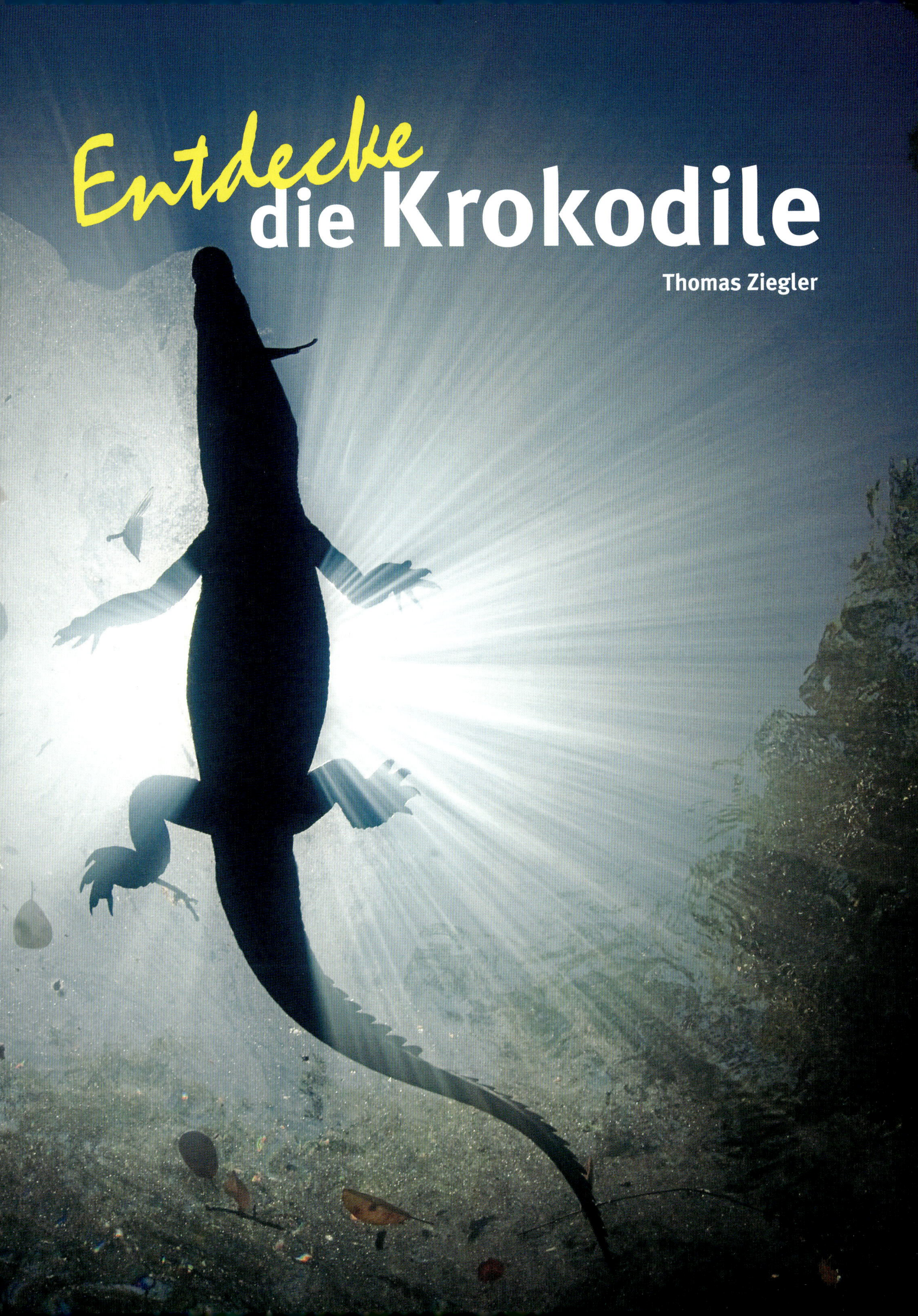

Entdecke
die Krokodile
Thomas Ziegler

Titelbild: Paraguay-Brillenkaiman
Rückseite: Jungtier des Brillenkaimans
Seite 1: Beulenkrokodil, von unten im Gegenlicht fotografiert
Seite 2/3: Nilkrokodil

3., überarbeitete Auflage 2024

ISBN: 978-3-86659-300-8

An der Kleimannbrücke 39/41
48157 Münster
Tel.: 0251-13339-0, Fax: 0251-13339-33
E-Mail: verlag@ms-verlag.de, Home: www.ms-verlag.de
Geschäftsführung: Matthias Schmidt,
Layout: Isabell Büchter
Lektorat und Bildredaktion: Kriton Kunz
Druck: Drusala, Dobrá

Titelbild: Filipe Frazao/Shutterstock
Rückseite: C.Steimer/Arco
Vorsatz: PhotoSky/Shutterstock

Arco Digital Images
S.1 : Doug Perrine
S.2-3: Anup Shah
S.8 unten: C. Braun
S.10 oben: John Cancalosi
S.10 Mitte: C. Hütter
S.10-11: Christian Heinrich
S.15 unten: R. Dirscherl
S.16 oben: Doug Perrine
S.17: I. Schulz
S.19 oben: Roberto Rinaldi
S.21 oben: Edwin Gisbers
S.22 oben: Kevin Schafer
S.24: B&S Draker
S.25,2: Donald M. Jones
S.26,1: Ingo Arndt
S.26,3+4: Pete Oxford
S.27,1: Doug Perrine
S.27,2: Pete Oxford
S.27,3: Brent Stephenson
S.27,4: Neil Lucas
S.28,1: Christian Heinrich
S.28,3: Nick Garbutt
S.29,1: Rod Williams
S.29,4: Axel Gomille
S.30,1: C.M. Bahr
S.31,1: H. Reinhard
S.32 unten: Martin Dohrn
S.33 oben: Bruce Davidson
S.33 unten links: G. Fischer
S.34-35: Anup Shah
S.36: Horst Mahr
S.37 oben: Anup Shah
S.37 unten: Piper Mackay
S.38 oben links: J.-P. Ferrero
S.38 oben rechts: Anup Shah
S.38 unten: Fritz Poelking
S.39 oben links: K. Irlmeier
S.40: P. Henry
S.40 oben: Tim Laman
S.41: Anup Shah
S.42-43: P. Henry
S.46 oben: Anup Shah
S.48 o. rechts: P. de la Harpe
S.48 unten: Anup Shah
S.49 oben links: U. Walz
S.49 oben rechts: M. Pitts
S.50 o. und u.: L. C. Marigo
S.51 oben: Tanja Cropp
S.51 unten: Anup Shah
S.52 oben: Steven D. Miller
S.52 unten rechts: I. Schulz
S.52 unten links: D. Tipling
S.53 oben: A. & S. Chanokla
S.53 Mitte: Lynn M. Stone
S.53 unten: L. C. Marigo
S.54 oben links u rechts: Ingo Arndt
S.55 oben: Francois Savigny
S.56 oben: WHJ Sator
S.56 unten: P. Weimann
S.56-57: WHJ Sator

mauritius images
S.28,4: Photoshot Creative, Lee Dalton

Okapia
S.5: Frank Wirth, Sea Tops
S.13, S.18: Norbert Probst

shutterstock
S.4: Eduard Kyslynskyy
S.7 unten: Orhan Cam
S.8 oben links: troyka
S.11 oben: Dinoton
S.12 oben: Gerrit de Vries
S.19 oben: samuraioasis
S.21 oben: Andrew Burgess
S.22 unten: chloe7992
S.25,3: Photocech
S.28,2: Anton Ivanov
S.31,2: Nazzu
S.32 oben: A. Kaewkhammul
S.33 Mitte: Ondrej Prosicky
S.33 unten rechts: R. Bercan
S.44 oben: hecke61
S.44-45: Heiko Kiera
S.47 oben: Trevor Kelly
S.64: hxdbzxy

Thinkstock Images
S.6: MR1805
S.7 oben: MR1805
S.8 oben rechts: Corey Ford
S.12 unten: nattanan 726
S.14 oben: Andrew Burgess
S.15 oben: bazilfoto
S.20: Angus Beare
S.25,1: Sui Lun Lee
S.62: GlobalP
S.63: nattanan 726

WILDLIFE Bildagentur GmbH
S.14 unten: H. Palo Jr.
S.26,2: M. Carwardine
S.39 oben rechts: D. Heuclin
S.42 oben: ANT
S.46-47: Michel Gunther
S.49 unten: Minden Pictures
S.51 Mitte: T. Crocetta

Sonstige
A. Rauhaus: S.59 oben und Mitte, Rückseite unten,
F. Schmidt: S.29,2
Thomas Ziegler: S.9, S.16 unten, S.21, S.23, S.25,4, S.29,3, S.30,1, S.31,3, S. 48 oben links, S.54 unten, S.55 unten, S.57 oben, S.58 oben und unten, S.60,
J. Nicolaudius: S.61 o. links
CPPI:S.61 u. links und unten
C. Niggemann: S.61 rechts
Bruce Shwedick: S30,3

Inhaltsverzeichnis

Willkommen in der Welt der Krokodile!

Läuft es Dir bei dem Gedanken, beim Schwimmen einem großen Krokodil zu begegnen, nicht eiskalt den Rücken herunter? Kein Wunder, denn auch der Mensch zählt zur Beute großer Krokodilarten. Vor allem deshalb spielen diese schwersten heute lebenden Reptilien in der Kultur vieler Völker eine wichtige Rolle, die zumeist von Angst, aber auch von Ehrfurcht und Faszination geprägt ist. Beispielsweise wurden im alten Ägypten Krokodile als heilige Tiere verehrt, so in Form des krokodilköpfigen Gottes Sobek: In Tempeln mit Teichanlagen gehaltene Krokodile wurden nach ihrem Tod sogar wie Menschen einbalsamiert und als Mumien bestattet! Du kennst aber sicher auch das Krokodil aus dem Kasperletheater, wo es als Schurke auftritt. Auch das sprichwörtliche „Vergießen von Krokodilstränen“ steht für Falschheit und Heimtücke.

Kieselwürmer

Der Name der Krokodile leitet sich von dem altgriechischen Wort „krokodilos“ ab. Damit bezeichneten die Griechen zunächst Eidechsen, später auch Krokodile. „Krokodilos“ bedeutet „Kieselwurm“. Mit „Wurm“ ist dabei nicht so etwas wie ein Regenwurm gemeint, sondern einfach ein lang gestrecktes Tier. Zu den Krokodilen passt dieser Name sogar noch besser als zu Eidechsen, denn ihre Panzerung erinnert an Kieselsteine.

Krokodile wie dieser Brillenkaiman sind extrem spannende Tiere!

Krokodile sind aber nicht nur furchteinflößende Jäger, sondern haben auch eine faszinierende Lebensweise, die völlig andere Eigenschaften zum Vorschein bringt. Wusstest Du zum Beispiel schon, dass Krokodilmütter sehr fürsorglich sein können? Oder dass die Temperatur im Nest verantwortlich für das spätere Geschlecht der Krokodile ist, also ob Männchen oder Weibchen aus den Eiern schlüpfen? Oder dass die Krokodile tatsächlich die nächsten Verwandten der Vögel sind?

Zusammen mit Dir möchte ich nun in die faszinierende Welt der Krokodile eintauchen und Dir Wissenswertes und Spannendes über Lebensweise, Körperbau, Artenvielfalt und Verwandtschaft, aber auch die Rolle der Krokodile im Kreislauf der Natur und ihre Bedrohung durch den Menschen berichten.

Gilberto „Chito“ Shedden aus Costa Rica fand dieses durch einen Schuss verwundete Spitzkrokodil. Er pflegte es gesund, woraufhin eine jahrzehntelange einzigartige, freundschaftliche Beziehung zu dem Tier entstand, das er „Pocho“ nannte.

Nachfahren der Dinosaurier

Die Krokodile sind eine Ordnung der Landwirbeltiere. Sie zählen zusammen mit den übrigen Reptilien, den Vögeln und den Säugetieren zu den so genannten Amnion- oder Nabeltieren (Amniota). Allen Amniontieren gemeinsam ist, dass ihre Embryonen sich unabhängig vom Wasser entwickeln können, im Gegensatz zu Amphibien wie Fröschen und Salamandern. Der von Flüssigkeit umgebene und mit Dotter versorgte Embryo wird nämlich durch eine Embryonalhülle geschützt, das Amnion.

Die Krokodile sind zusammen mit den Vögeln die einzigen heute noch vorkommenden Archosaurier. Archosaurier heißt übersetzt Herrscherreptilien. Zu ihnen zählten auch die ausgestorbenen Flugsaurier und Dinosaurier. Die Archosaurier waren die beherrschende Reptiliengruppe des Erdmittelalters, das vor 252 Millionen Jahren begann und vor 66 Millionen Jahren endete. Charakteristisches Merkmal der Archosaurier ist unter anderem, dass ihre Zähne in Vertiefungen stehen. Außerdem liefen beziehungsweise – im Fall der Vögel – laufen viele auf zwei Beinen, was mit zahlreichen Veränderungen im Becken- und Gliedmaßenskelett verbunden ist.

Krokodile der Gattung *Dakosaurus* lebten vor rund 115 Millionen Jahren. Ihr Schädel erinnert eher an Raubsaurier wie *Tyrannosaurus* als an heutige Krokodile.

Dakosaurus bewohnte ausschließlich das Meer und besaß Flossen

Zahlreiche Fossilien, also Versteinerungen von ausgestorbenen Krokodilarten und ihrer Vorfahren, geben einen guten Überblick über die Entstehung der Krokodile. Wahrscheinlich gibt es deshalb so viele Fossilien von ihnen, weil ihre Lebensweise am und im Wasser sehr gute Erhaltungsbedingungen dafür bot.

Daher wissen wir, dass Krokodile von den Urwurzelzähnern abstammen. Unter ihnen gab es sowohl auf allen Vieren oder nur auf zwei Beinen laufende Arten. Die heute lebenden Krokodile stammen wahrscheinlich von auf zwei Beinen laufenden Vorfahren ab. Die in der ganzen Welt verbreitete Gruppe der Urwurzelzähner namens Phytosaurier ähnelte im Körperbau den heutigen Krokodilen am meisten. Allerdings befanden sich die Nasenöffnungen der Phytosaurier nicht an der Schnauzenspitze, sondern fast zwischen den Augen.

Verwandte der Vögel

Krokodile werden ebenso wie beispielsweise Echsen, Schlangen oder Schildkröten zu den Reptilien gezählt. In Wirklichkeit aber sind sie näher mit den Dinosauriern verwandt – und damit mit den Vögeln, die ja von den Dinosauriern abstammen. Belegen lässt sich das einerseits durch die Genetik, also das Erbgut, andererseits durch viele gemeinsame Merkmale, etwa den Aufbau des Herzens.

Der zu den Mesoeucrocodylia gehörende, bis zu zwölf Meter lange *Sarcosuchus* machte im Uferbereich Jagd auf große Tiere. Hier siehst Du ein Modell.

Das vor etwa 95 Millionen Jahren lebende Urzeitkrokodil *Kaprosuchus* jagte wahrscheinlich eher an Land oder am Rand von Gewässern. Es war kein echter Wasserbewohner.

Die ältesten „richtigen" Krokodile, die Sphenosuchia genannt werden, lebten vor etwa 228 bis 199 Millionen Jahren. Bei ihnen handelte es sich vermutlich um lebhafte Landbewohner. Auf sie folgten die wohl ebenfalls noch weitgehend an ein Landleben angepassten Urkrokodile namens Protosuchia. Diese hatten noch relativ lange Beine, wobei die hinteren länger als die vorderen waren. Der Kopf der Urkrokodile ähnelte bereits dem der heutigen Krokodile.

Krokodile vor Deiner Haustür

Krokodile gab es in der Vergangenheit sogar mitten in Deutschland, als es dort noch wärmer und feuchter war als heute. Das belegen die 49 Millionen Jahre alten Überreste von Krokodilen, die in der Grube Messel bei Darmstadt gefunden wurden (siehe Foto). Von dieser weltbekannten Fossillagerstätte sind viele berühmte Funde bekannt, wie das nur hundegroße Urpferdchen. Die toten Tiere sind vor vielen Millionen Jahren auf den Grund eines Sees gesunken, wo sie von Schlamm bedeckt wurden und schließlich in der bis zu 200 Meter dicken Ölschieferschicht versteinerten.

Ab dem mittleren Jura vor ca. 175 bis 161 Millionen Jahren traten Krokodile auf, denen Wissenschaftler den schwierigen Namen Mesoeucrocodylia gegeben haben. Unter ihnen gab es sowohl riesige Meeresbewohnende Krokodile wie den zuvor gezeigten *Dakosaurus* als auch reine Landbewohner wie *Kaprosuchus*. Viele besaßen besondere Anpassungen an den Lebensraum, zum Beispiel Arten mit stark verlängerter Schnauze mit einem Gebiss wie ein Rechen oder eine Reuse. Andere hatten ein Gebiss, mit dem sie besonders gut Muscheln und Schnecken aufknacken konnten. Wieder andere trugen Zähne, die an Pflanzennahrung angepasst waren. Zu den Mesoeucrocodylia gehören auch die Vollkrokodile oder Eusuchia und somit alle heutigen Krokodile.

Hier siehst Du ein typisches heute lebendes Krokodil, das Siamkrokodil aus Südostasien

Was sind Krokodile?

Die heute vorkommenden Krokodile sind mittelgroße bis riesige Reptilien: Sie werden etwa 1,2 Meter bis über 7 Meter lang! Für Krokodile kennzeichnend sind ihr massiger Kopf, die relativ lange Schnauze, kurze Beine und ein kräftiger Ruderschwanz. Ihr echsenartiger Körper ist von Hornschilden bedeckt, die sich nicht überlappen, sondern aneinander stoßen. Die kleineren Bauchschilde sind bei den meisten Arten glatt, während die kräftigen Rückenschilde Kiele tragen. Auf der Oberseite des Schwanzes befindet sich ein paariger Schuppenkamm, der zur Schwanzspitze in einen einzelnen Schuppenkamm übergeht.

Die Bauchschilde von Krokodilen sind meist glatt, wie hier beim Mississippi-Alligator

Hier siehst Du die rauen, gekielten Schuppen auf dem Schwanz eines Nilkrokodils

Rau und höckrig sind die Rückenschuppen des Nilkrokodils

Je älter, desto größer

Im Gegensatz zu uns Menschen wachsen Krokodile ein Leben lang. Große Arten können über 85 Jahre alt werden. Mit zunehmendem Alter nimmt die Geschwindigkeit des Wachstums jedoch stark ab. Sehr alte Krokodile wachsen also nur noch ganz langsam. Wie groß ein Exemplar einer bestimmten Art letztlich wird, hängt auch davon ab, ob es reichlich Beute machen kann, außerdem vom Klima. Weibchen wachsen langsamer als Männchen und bleiben kleiner.

Unter den Hornschilden befindet sich auf Nacken und Rücken ein geschlossener Panzer aus Knochenplatten. An Form und Anordnung von Hornschilden und Hautknochen können Wissenschaftler bereits viele Arten bestimmen. Bei manchen Arten sind Hautknochen auch an anderen Körperstellen zu finden, nämlich am Bauch, an den Körperseiten, den Beinen und im Bereich der Augenlider.

Schwer gepanzert

Wegen ihrer Panzerung durch die in der Haut liegenden Knochenplatten werden Krokodile auch als Panzerechsen bezeichnet. Hier siehst Du diese Platten bei einem versteinerten Exemplar.

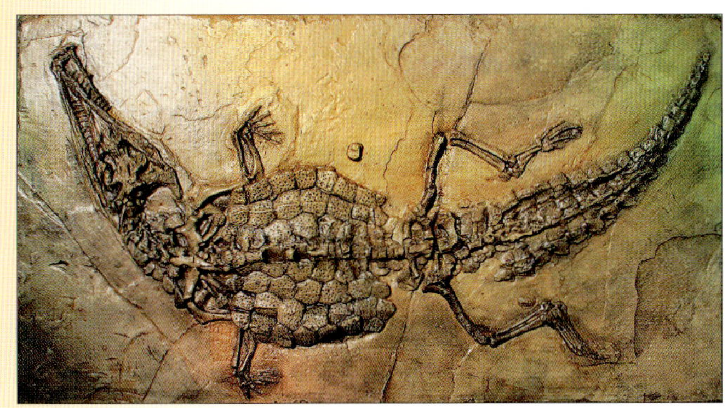

Der Kopf der Krokodile ist relativ lang gestreckt, der größte Teil entfällt auf die Schnauze. Um ihre Beute sicher ergreifen und festhalten zu können, besitzen Krokodile kegelförmige, einspitzige und teils scharfe Zähne. Diese sind bei den meisten Arten unterschiedlich groß. Je nach Art haben Krokodile zwischen 60 und 110 Zähne.

Die große, fleischige Zunge der Krokodile ist mit den Unterkiefern verbunden, also nicht so frei beweglich wie bei Dir. Während die Vorderbeine je fünf Zehen tragen, besitzen die Hintergliedmaßen nur je vier. Die innersten drei Zehen eines jeden Fußes tragen Krallen.

Zahnarztbesuche überflüssig

Die Zähne der Krokodile sind jeweils mit einer Wurzel im Kieferknochen fest verankert. Regelmäßig werden alte Zähne durch neue ersetzt – am häufigsten bei jungen Tieren, und mit zunehmendem Alter immer seltener, schließlich nur noch alle paar Jahre. Dabei entwickeln sich die Ersatzzähne unter denjenigen, die gerade benutzt werden.

Hier kannst Du gut viele Merkmale des Körperbaus von Krokodilen erkennen, beispielsweise die kegelförmigen Zähne oder die nicht herausstreckbare Zunge

Der Kopf der Krokodile ist lang gestreckt, wie bei diesem Spitzkrokodil

Besonders groß sind die Lungen. Die hoch entwickelten, in mehrere Kammern unterteilten Lungen sind die fortschrittlichsten unter den Reptilien.

Um lange unter Wasser bleiben zu können, verringern Krokodile ihren Herzschlag. Je nach Temperatur können sie dann bis zu anderthalb Stunden tauchen, Jungtiere im Extremfall sogar bis zu sechs Stunden. Unter normalen Bedingungen tauchen große Krokodile jedoch meistens nach ein paar Minuten wieder auf, um Luft zu holen. So werden in der Regel nur 30 Prozent des Luftvorrats während eines Tauchvorgangs verbraucht.

Hochleistungsherz

Krokodile sind die einzigen Reptilien, bei denen das Herz in vier Kammern gegliedert ist, ähnlich wie beim Menschen. Die Herzscheidewand zwischen linker und rechter Hälfte des Herzens trennt sauerstoffarmes vom sauerstoffreichen Blut. Lediglich im oberen Bereich der Herzscheidewand bleibt ein kleines Fenster geöffnet, eine Art Überdruckventil. Krokodile können durch Öffnen oder Schließen dieses Fensters beispielsweise beim Tauchen sauerstoffreiches Blut in solche Körperregionen lenken, wo es gerade am dringendsten benötigt wird.

Ein Leben im und am Wasser

Krokodile leben sowohl im Wasser als auch an Land. Solch eine Lebensweise bezeichnen Zoologen als amphibisch. Zoologen sind Tierwissenschaftler.

Da Krokodile einen Großteil der Zeit im Wasser verbringen, können sie hervorragend schwimmen und tauchen. Vor allem ihr System von Atmung und Kreislauf ist in besonderer Weise an die amphibische Lebensweise angepasst, wie Du im Kapitel zuvor schon gelesen hast. Aber auch Kopf, Körper und Beine der Krokodile sind stark vom Leben im und am Wasser geprägt. Weitere Anpassungen an das Wasserleben sind unter anderem

- der abgeflachte Körper
- der seitlich zusammengedrückte, zu einem Ruder ausgebildete Schwanz
- die Schwimmhäute zwischen den Zehen
- weit oben am Kopf liegende Augen: damit kann das Krokodil auch dann noch aus dem Wasser schauen, wenn der Rest von Körper und Kopf unter der Oberfläche ruhen
- verschließbare äußere Gehöröffnungen, damit beim Tauchen kein Wasser in die Ohren gelangt
- die weit vorn oben auf der Schnauze liegenden Nasenlöcher, die ebenfalls verschließbar sind.

Die Zehen der Hinterfüße sind durch Schwimmhäufte miteinander verbunden

Bei Wassermangel finden sich manchmal Hunderte von Artgenossen in den verbleibenden Tümpeln zusammen, wie diese Paraguay-Brillenkaimane in Brasilien

Beim Schwimmen oder auf der Lauer liegt der Großteil des Körpers unter Wasser, nur die Region von Augen und Nasenlöchern ragt heraus

Ein ruhig im Wasser liegendes, fast vollständig untergetauchtes Krokodil, bei dem nur die Nasenspitze, die Augen und die dahinter liegenden Ohren über die Wasseroberfläche herausragen, kann also atmen, hören und aus dem Wasser schauen, bleibt aber für seine Beute oder Feinde praktisch unsichtbar.

Maul auf, ohne zu ertrinken

Wenn ein Krokodil ein Beutetier unter Wasser schnappen will, kann es dazu sein Maul öffnen, ohne zu ertrinken. Möglich ist das, weil es mit einer Klappe an der Zungenbasis (Schlundklappe) die Atemwege vom Maul völlig abschließen kann. So etwas gibt es in ähnlicher Form sonst nur noch bei den Säugetieren.

Von außen ist für Beutetiere kaum etwas vom Mississippi-Alligator zu erkennen

Im oftmals trüben oder schlammigen Wasser, auf dessen Oberfläche nicht selten Blätter oder Äste treiben, sind Krokodile bestens getarnt, also kaum zu erkennen. Wenn sie sich verstecken oder unbemerkt an Beute anschleichen wollen, hilft ihnen dabei nicht nur ihre Tarnfärbung, sondern auch die Tatsache, dass Krokodile sich gerne neben Schilfbüscheln, unter überhängenden Bäumen oder neben im Wasser treibenden Dingen aufhalten. Im Wasser jagende Sumpfkrokodile balancieren sogar gezielt Äste auf der Schnauzenspitze, um Reiher anzulocken, die solche Äste als Nistmaterial sammeln. Kommt der ahnungslose Reiher herbei, um sich das Baumaterial zu holen, schnappt das Krokodil zu. Das ist der einzige bekannte Fall, in dem Reptilien eine Art Werkzeug benutzten.

Dank ihres flachen Körperbaus können sich Krokodile selbst in flachen Tümpeln noch hervorragend verbergen

Flache Räuber

Krokodile sind Lauerjäger, die sich unter Wasser oder dicht unter der Wasseroberfläche treibend geräuschlos auf ihre Beute zubewegen, um sie dann blitzschnell zu ergreifen. Dabei schaffen es selbst große Krokodile, sich noch in einem nur 30 cm tiefen Gewässer zu verbergen. Möglich ist das, weil sie so flach gebaut sind.

Dank ihres kräftigen Ruderschwanzes können Krokodile wie dieser Paraguay-Brillenkaiman weit aus dem Wasser hervorschnellen

Am geschicktesten bewegen sich Krokodile an der Wasseroberfläche und unter Wasser. Mit angelegten Beinen und durch seitliche Schlängelbewegungen des muskulösen Schwanzes können sie sehr schnell vorankommen und teils sogar weit aus dem Wasser hervorschnellen. Außerhalb des Wassers sind Krokodile eher träge. Sie kriechen dort entweder mit dem Bauch auf dem Boden oder schreiten mit vom Boden erhobenem Rumpf. Trotzdem solltest Du Krokodilen auch an Land nicht zu nahe kommen, da manche Arten und insbesondere kleinere und dadurch noch sehr wendige Krokodile extrem schnell reagieren können. So ist das Australienkrokodil an Land über kürzere Strecken auch zu einem regelrechten Galopp fähig, wie Du ihn von Pferden kennst. Dabei befinden sich phasenweise alle vier Beine gleichzeitig in der Luft!

Wo Krokodile zu Hause sind

Krokodile kannst Du auf allen Erdteilen finden, mit Ausnahme von Europa. Sie leben in den Tropen und Subtropen, also dort, wo ein feuchtwarmes Klima vorherrscht. Die in Amerika und China vorkommenden Alligatoren haben es sogar geschafft, weiter nach Norden in die gemäßigten Breiten vorzudringen, obwohl dort im Winter regelmäßig Frost auftritt. Allerdings dürfen die Temperaturen im Jahresdurchschnitt nicht zu niedrig und die Fröste nicht zu stark sein, da Krokodile sich sonst nicht mehr fortpflanzen können und ihnen ein Überleben nicht mehr möglich ist.

Krokodile leben nur dort, wo es Gewässer gibt. Du findest sie in und an Flüssen und Seen, einige Arten auch in Bächen und sogar in kleinsten Tümpeln. Manche Arten bevorzugen offene Gewässer, wieder andere sind nur im dichten Unterholz zu finden.

Krokodile sind überwiegend Süßwasserbewohner, doch kannst Du manche Arten auch im Brackwasser oder an der Meeresküste finden.

Spitzkrokodile wie hier vor Kuba dringen auch ins Meer vor

Das Leistenkrokodil oder Salzwasserkrokodil ist am besten an ein Leben im Salzwasser angepasst. Es kann Salz über Drüsen ausscheiden, die hinten auf der Zunge liegen. Über die Kloake, sozusagen den Körperausgang der Krokodile, vermag es ebenfalls Salz abzugeben.

Heiß und kalt

Um sich nach einer kalten Nacht rasch an Land aufzuwärmen, richten Krokodile ihren Körper zur Sonne aus, legen sich mit dem Bauch auf den durch die Sonne aufgeheizten Boden und spreizen die Beine weit ab.
Wenn es ihnen zu warm wird, siehst Du sie mit weit geöffnetem Maul daliegen. Dabei verdunstet Feuchtigkeit über die Mundschleimhaut, und das kühlt sie ab – schwitzen können Krokodile dagegen nicht. Nutzt auch das nichts mehr, ziehen sich die Krokodile einfach in das kühlere Wasser oder in den Schatten zurück.

Das Leistenkrokodil heißt auch Salzwasserkrokodil, weil es durchaus auch vor der Küste in Meerwasser vorkommt

Diese Spitzkrokodile sonnen sich auf einer Insel mitten in einem Fluss in Costa Rica

Ein Gigant

Mit bis über sieben Meter Gesamtlänge ist das Leistenkrokodil wahrscheinlich das längste und mit bis zu 1 000 Kilogramm Gewicht auch schwerste lebende Krokodil. Es bewohnt zudem das größte Verbreitungsgebiet aller Krokodile. Etwa die Hälfte der bekannten und auch tödlichen Angriffe auf Menschen geht auf Leistenkrokodile zurück. Die Art kann lange Strecken im Meer zurücklegen und auf diese Weise auch abgelegene Inseln erreichen. So lauern auf einer Insel vor Australien Scharen von Leistenkrokodilen zur Brutzeit der Wallriff-Schildkröten den frisch geschlüpften Jungtieren auf.

Als Anpassung an die Trockenzeit unternehmen einige Arten wie der Brillenkaiman auf der Suche nach Wasserstellen weite Wanderungen über Land. Trocknet ihr Gewässer aus, graben sich manche Arten als weitere Überlebensstrategie im Schlamm ein. Solche Ruhephasen finden nicht nur in heißen, sondern auch in kalten Gegenden statt: Der Mississippi-Alligator überdauert Kälteperioden im Schlamm oder im seichten Wasser. Es wurden sogar schon Alligatoren angetroffen, deren Schnauze in der Eisoberfläche festgefrorenen war – wichtig ist dabei nur, dass die Nasenlöcher zum Atmen frei bleiben.

Wo Krokodile vorkommen, hängt aber nicht nur davon ab, ob es dort geeignete Gewässer gibt. Auch weitere Faktoren sind wichtig, wie genügend Nahrung und Brutplätze für die Eiablage. Auch die Anwesenheit des Menschen spielt eine Rolle: Wo Siedlungen immer weiter in den Lebensraum der Krokodile hineingebaut werden oder wo sie gejagt werden, verschwinden sie meist allmählich.

Sonnenanbeter

Die Umgebungstemperatur spielt eine wichtige Rolle für Krokodile, da sie wechselwarm oder ektotherm sind. Das bedeutet, dass sie nicht wie Du immer eine bestimmte Körpertemperatur aufweisen, sondern dass ihre Körpertemperatur und damit ihre Aktivität von der Außentemperatur abhängig ist. Um auf „Betriebstemperatur“ zu kommen, müssen Krokodile regelmäßig sonnenbaden. Auch das UV-Licht der Sonne ist wichtig für sie, unter anderem für die Vitaminbildung und den Knochenaufbau. Um sich zu sonnen und dabei zu erwärmen, kommen Krokodile regelmäßig an Land.

Krokodile sind darauf angewiesen, dass es in ihrem Lebensraum geeignete Gewässer gibt

Die Verwandtschaftsverhältnisse – immer für eine Überraschung gut!

Die heute lebenden Krokodile lassen sich auf drei Familien aufteilen. In Familien fassen Zoologen Arten zusammen, die nahe miteinander verwandt sind. Die drei Krokodilfamilien sind
1) die Echten Krokodile,
2) die Alligatoren und Kaimane sowie
3) die Gaviale.
Obwohl sich ihre Entwicklungslinien schon vor langer Zeit voneinander getrennt haben, unterscheiden sich diese drei Familien nur wenig.

Typisch Gavial: extrem lange Schnauze

Die Gaviale fallen durch ihre lange und dünne Schnauze auf. Als spezialisierte Fischfresser ragen bei ihnen die vorderen Zähne schräg nach außen über den Kieferrand seitlich heraus. Damit können sie die glitschige und schnelle Beute besonders gut fangen.

Bei Echten Krokodilen siehst Du den vierten Zahn des Unterkiefers auch bei geschlossenem Maul

Die Echten Krokodile kannst Du daran erkennen, dass der vierte Zahn des Unterkiefers in eine Einbuchtung des Oberkiefers greift und dadurch auch bei geschlossenem Maul von außen sichtbar ist. Die Echten Krokodile haben in der Regel auch eine längliche Schnauze, im Gegensatz zur breiteren Schnauze der Alligatoren und Kaimane.

Bei Alligatoren und Kaimanen sind bei geschlossenem Maul keine Unterkieferzähne zu erkennen

Bei den Alligatoren und Kaimanen liegen alle Unterkieferzähne innerhalb der Oberkieferzahnreihe und sind dadurch bei geschlossenem Maul nicht von außen sichtbar.

Derzeit sind etwa 28 Arten anerkannt. Doch kann die Artenzahl je nach Auffassung des jeweiligen Krokodilspezialisten unterschiedlich sein. Die Wissenschaftler streiten und forschen aber nicht nur bezüglich der Artenzahl an Krokodilen, sondern auch hinsichtlich der Artenverteilung auf die Großgruppen besteht Unklarheit. So wurde der Sundagavial bislang aufgrund seiner Körpermerkmale zu den Echten Krokodilen gestellt. Jüngste genetische Studien zeigen aber, dass er der nächste Verwandte des Gangesgavials ist, also zu den Gavialen gehört. Ebenso galten die Alligatoren und Kaimane aufgrund ihres Körperbaus als nächste Verwandte der Echten Krokodile. Die Genetik dagegen belegt, dass die Gaviale die nächsten Verwandten der Echten Krokodile darstellen.

Die Genetik bringt's an Licht

Durch Studien der Genetik, also des Erbguts der Krokodile, können Forscher viel über ihre Verwandtschaftsverhältnisse herausfinden. So wurde das bekannte Nilkrokodil aus Afrika erst vor Kurzem aufgrund genetischer Studien in zwei Arten aufgespalten. Daher wissen wir nun, dass es neben dem „echten" Nilkrokodil aus Ost- und Südafrika auch ein Nordwestliches Nilkrokodil gibt. Ähnliches fanden die Wissenschaftler für die afrikanischen Panzer- und die Stumpfkrokodile heraus. Genetische Untersuchungen zeigten, dass das Panzerkrokodil in Wirklichkeit aus zwei verschiedenen Arten besteht, ebenso das Stumpfkrokodil, von dem sogar noch eine dritte Form existiert, die aber noch nicht wissenschaftlich beschrieben ist.

Manchmal finden Krokodilforscher durch Untersuchung der Gene, also der Erbanlagen von Krokodilen Neues heraus. Beispielsweise wissen wir dadurch heute, dass der Sundagavial kein Echtes Krokodil ist, sondern der nächste Verwandte des Gangesgavials

Alle Arten im Porträt

Auf den folgenden Seiten möchte ich Dir im raschen Überblick sämtliche bis jetzt bekannten Krokodilarten vorstellen und Dir sagen, wie lang sie werden, wo sie leben und welche Besonderheiten sie haben.

Übrigens: In Zukunft werden sehr wahrscheinlich weitere Krokodilarten beschrieben werden, denn unter so manchem Artnamen verbergen sich tatsächlich zwei oder mehr Arten. Diese ähneln einander zwar äußerlich sehr, unterscheiden sich aber hinsichtlich ihres Erbguts, der Gene.

Einwanderer

Wie kommt es, dass zwei so nahe miteinander verwandte Arten wie der in Nordamerika lebende Mississippi-Alligator und der China-Alligator so weit voneinander entfernt leben? Vermutlich wanderten die Vorfahren des China-Alligators vor über fünf Millionen Jahren von Nordamerika über die damals noch zwischen Amerika und Asien bestehende Bering-Landbrücke nach Asien.

Unter der Schwimmpflanzendecke perfekt getarnt, lauert dieser Mississippi-Alligator auf Beute

Die Familie der Alligatoren und Kaimane umfasst acht Arten. Sie leben im Südosten Nordamerikas, in Zentral- und Südamerika sowie im Osten Chinas.

China-Alligator

Länge: bis zu zwei Meter
Verbreitungsgebiet: Ostchina
Besonderheiten: Der China-Alligator zählt zu den am stärksten bedrohten Krokodilen. Sein Verbreitungsgebiet ist extrem geschrumpft, und es gibt nur noch wenige hundert Tiere in freier Wildbahn. Weil sie so weit nördlich vorkommen, überwintern China-Alligatoren in der kalten Jahreszeit in unterirdischen Bauen.

Mississippi-Alligator

Länge: bis zu vier Meter
Verbreitungsgebiet: Südosten der USA
Besonderheiten: Vom Mississippi-Alligator sind Angriffe auf den Menschen bekannt, wovon jedoch nur wenige tödlich endeten. Ein Grund dafür, dass es zu Unfällen kommt, ist sicherlich, dass der Mensch immer weiter in die natürlichen Lebensräume dieser Art eindringt.

Brillenkaiman

Länge: bis zu drei Meter
Verbreitungsgebiet: südliches Mittel- und tropisches Südamerika
Besonderheiten: Der Name Brillenkaiman kommt daher, dass die Art vor den Augen eine Knochenleiste hat, die an den Steg einer Brille erinnert.

Kommt überall zurecht

Der Brillenkaiman ist die am weitesten verbreitete Kaimanart, denn er ist extrem anpassungsfähig. Diese Art ist sogar in vom Menschen geschaffenen Lebensräumen zu finden, wie in Viehteichen und Straßengräben.

Paraguay-Brillenkaiman

Länge: bis zu 2,7 Meter
Verbreitungsgebiet: Gran Chaco, eine Region mit Trockenwäldern und Dornbuschsavannen im Inneren Südamerikas
Besonderheiten: Diese Art unterscheidet sich vom Brillenkaiman durch einen anderen Schädelbau, eine andere Schuppenanordnung und Färbung.

Alligatoren und Kaimane

Breitschnauzenkaiman

Länge: bis zu 3,5 Meter
Verbreitungsgebiet: mittleres Südamerika
Besonderheiten: Wie der Name schon andeutet, hat diese Kaimanart eine ungewöhnlich breite Schnauze. Der Breitschnauzenkaiman bevorzugt ruhige Flussarme, langsam strömende Bäche und stehende Gewässer. Man kann ihn auch in Brackwassersümpfen finden.

Brauen-Glattstirnkaiman

Länge: Männchen bis 1,7 Meter, Weibchen nur 1,2 Meter – damit werden diese Tiere nur etwa so groß, wie Du es im Moment bist!
Verbreitungsgebiet: tropisches Südamerika
Besonderheiten: Ebenso wie der Keilkopf-Glattstirnkaiman (siehe unten) besiedelt auch der Brauen-Glattstirnkaiman einen für Krokodile eher ungewöhnlichen Lebensraum. Beide Arten sind an schnell fließende, oft reißende Gewässer angepasst.

Keilkopf-Glattstirnkaiman

Länge: bis 1,7 Meter
Verbreitungsgebiet: tropisches Südamerika
Besonderheiten: Der Keilkopf-Glattstirnkaiman kann auch in weiter Entfernung von Gewässern angetroffen werden; dort versteckt er sich im Unterholz oder auch in hohlen Baumstämmen.

Schwarzer Kaiman

Länge: bis zu sechs Meter
Verbreitungsgebiet: tropisches Südamerika
Besonderheiten: Längster Kaiman überhaupt und eines der größten Raubtiere Südamerikas. Junge Schwarze Kaimane sind auf dem Rücken auffällig schwarz-gelb gebändert, die Körperoberseite alter Tiere ist einfarbig schwarz.

Zu den Echten Krokodilen zählen etwa 18 Arten. Sie sind von Südmexiko über die Karibik bis zum Orinoko in Südamerika anzutreffen sowie in fast ganz Afrika und vom Südost-Iran über Indien und Südostasien bis nach Neuguinea und Nordaustralien.

Beulenkrokodil

Länge: bis 4 Meter
Verbreitungsgebiet: Westen Mittelamerikas
Besonderheiten: Der Name kommt von einer beulenartigen, länglichen Aufwölbung vor den Augen.
Der bevorzugte Lebensraum des Beulenkrokodils sind Teiche und Seen in der offenen Savanne.

Orinokokrokodil

Länge: bis sieben Meter
Verbreitungsgebiet: Norden Südamerikas
Besonderheiten: Dieses große Krokodil fällt durch seine lange und schmale Schnauze auf. Zu seiner Nahrung zählen hauptsächlich Fische.

Spitzkrokodil

Länge: bis sieben Meter
Verbreitungsgebiet: Süden Nordamerikas, Westen Mittelamerikas, Norden Südamerikas, Westindische Inseln (vor Mittelamerika im Atlantik)
Besonderheiten: Wie es sein Name schon sagt, zeichnet sich das Spitzkrokodil durch eine schmale, spitz zulaufende Schnauze aus. Von ihm sind Angriffe auf den Menschen bekannt.

Kubakrokodil oder Rautenkrokodil

Länge: bis vier Meter
Verbreitungsgebiet: Kuba
Besonderheiten: Bewohnt den weltweit kleinsten Lebensraum eines Krokodils. Es ist für sein besonders aggressives Verhalten bekannt.

Nilkrokodil

Länge: bis sieben Meter
Verbreitungsgebiet: tropisches Afrika und Madagaskar
Besonderheiten: Was Angriffe auf den Menschen betrifft, so kommt das Nilkrokodil gleich nach dem Leistenkrokodil: Ein Viertel aller weltweiten Krokodilangriffe gehen auf das Konto des Nilkrokodils, davon endeten zwei Drittel tödlich für die Opfer.

Nordwestliches Nilkrokodil

Länge: bis sechs Meter, meist aber nur drei bis dreieinhalb Meter
Verbreitungsgebiet: Nordwesten Afrikas
Besonderheiten: Kommt auch in Wüstengebieten vor und wird deshalb auch Wüstenkrokodil genannt. Das Nordwestliche Nilkrokodil wurde erst vor Kurzem als eigenständige Art erkannt.

Westafrikanisches Panzerkrokodil

Länge: bis vier Meter
Verbreitungsgebiet: tropisches Westafrika
Besonderheiten: Lebt in bewaldeten Flüssen, Seen und Sümpfen. Die Art ist stark an Wasser und Feuchtgebiete gebunden. Fische sind wichtiger Nahrungsbestandteil. Auffällig ist die lange Schnauze.

Zentralafrikanisches Panzerkrokodil

Länge: etwa 3,5 Meter
Verbreitungsgebiet: Zentrales Afrika
Besonderheiten: Das Zentralafrikanische Panzerkrokodil wurde erst vor Kurzem als eigene Art erkannt. Vom Westafrikanischen Panzerkrokodil unterscheidet es sich durch die Genetik und die Schädelform. Äußerlich sind die beiden Panzerkrokodile aber kaum voneinander zu unterscheiden.

Westafrikanisches Stumpfkrokodil

Länge: bis 2,3 Meter
Verbreitungsgebiet: tropisches West- und Zentralafrika
Besonderheiten: Diese klein bleibende Krokodilart bewohnt Bäche, Flüsse und Teiche im dichten Regenwald. Man findet sie auch in Urwaldtümpeln, die weit von Flüssen entfernt sind. Zum Nahrungsspektrum zählen allerlei Kleintiere, angefangen von Würmern über Schnecken und Krabben bis hin zu kleinen Reptilien; selbst Früchte werden nicht verschmäht, was unter Krokodilen eine Ausnahme ist.

Zentralafrikanisches Stumpfkrokodil

Länge: bis 2,3 Meter
Verbreitung: Kongobecken in Zentralafrika
Besonderheiten: Das Zentralafrikanische Stumpfkrokodil wurde erst vor Kurzem als eigenständige Art erkannt. Es existiert eine dritte Stumpfkrokodil-Form aus Westafrika, die aber wissenschaftlich noch nicht beschrieben ist. Stumpfkrokodile klettern gerne, Du findest sie manchmal auf niedrigen Ästen ruhend.

Siamkrokodil

Länge: bis vier Meter
Verbreitungsgebiet: einst von Thailand über Laos, Kambodscha und Vietnam bis nach Indonesien; heute sind die Bestände aber stark geschrumpft.
Besonderheiten: Im Vergleich zu anderen Krokodilen ist nur wenig über in der Natur lebende Siamkrokodile bekannt. Es ist ein reiner Süßwasserbewohner.

Sumpfkrokodil

Länge: bis fünf Meter
Verbreitungsgebiet: vom östlichen Iran über Pakistan, Nordindien und Nepal bis nach Sri Lanka
Besonderheiten: Unter den Echten Krokodilen besitzt das Sumpfkrokodil das breiteste Maul. Das Sumpfkrokodil hat ein weites Beutespektrum, das von zahlreichen Wirbellosen bis hin zu Vertretern aller Wirbeltiergruppen reicht.

Philippinenkrokodil

Länge: bis drei Meter
Verbreitungsgebiet: Philippinen
Besonderheiten: Das Philippinenkrokodil zählt zu den bedrohtesten Krokodilarten der Welt. Es gibt nur noch wenige Vorkommen in freier Wildbahn, die lediglich wenige Hundert Tiere umfassen.

Nördliches Neuguineakrokodil

Länge: bis drei Meter
Verbreitungsgebiet: Norden Neuguineas
Besonderheiten: Das Neuguineakrokodil verbringt die meiste Zeit im Wasser, geschützt durch schattenspendende Vegetation. Es hat ein besonders ausgeprägtes Territorialverhalten.

Südliches Neuguineakrokodil

Länge: bis drei Meter
Verbreitungsgebiet: Süden Neuguineas
Besonderheiten: Erst vor wenigen Jahren fanden Forscher durch genetische Untersuchungen und Vergleiche der Schädel heraus, dass es zwei Arten Neuguineakrokodile gibt. Beide bewohnen Flüsse, Seen und Sümpfe im Landesinneren, die eine jedoch nur im Norden, die andere im Süden.

Australienkrokodil

Länge: bis drei Meter
Verbreitungsgebiet: Norden Australiens
Besonderheiten: Hat eine sehr lang gezogene Schnauze; ist für den Menschen ungefährlich. Auf der Suche nach Wasserstellen können Australienkrokodile auch weite Strecken an Land zurücklegen.

Echte Krokodile

Leistenkrokodil

Länge: über sieben Meter
Verbreitungsgebiet: von Ostindien über Südostasien bis nach Nordaustralien und über die gesamte ozeanische Inselwelt
Besonderheiten: Sein Name geht auf die charakteristischen beiden Längsleisten auf der Oberseite der Schnauze zwischen Auge und Nase zurück. Auf Seite 21 findest Du mehr über diese gigantische Art.

Gaviale

Die Gaviale umfassen nur zwei Arten, die beide in Asien vorkommen.

Gangesgavial

Länge: fast sieben Meter
Verbreitungsgebiet: Pakistan, Nordindien, Nepal und Bangladesch.
Besonderheiten: Der Gangesgavial ist mit seinen vergleichsweise schwach ausgebildeten Beinen und seinem hochspezialisierten Fischfressergebiss die am stärksten an das Wasserleben angepasste Krokodilart. Typisch für den Gangesgavial ist seine sehr schmale, stark verlängerte Schnauze mit relativ langen und dünnen, in etwa gleich großen und schräg nach außen stehenden Zähnen. Dieses regelrechte Reusengebiss ist bestens dazu geeignet, das Wasser auf der Jagd nach Fischen zu „durchseihen".

Sundagavial

Länge: über sechs Meter
Verbreitungsgebiet: Halbinsel von Malaysia, Südthailand, Borneo und Sumatra, extremer Westen Javas
Besonderheiten: Früher dachte man, diese Art sei genau wie der Gangesgavial auf Fische als Nahrung spezialisiert. Allerdings wurden kürzlich auch Angriffe auf Säugetiere und sogar auf den Menschen bekannt.

Mit ihren scharfen Sinnen sind Krokodile auch bei Nacht dazu in der Lage, ihre Beute zielsicher zu orten

Sehen bei Nacht

Wie bei vielen anderen nachtaktiven Arten schließen sich auch die Pupillen der Krokodile im Hellen zu einem senkrechten Schlitz, während sie im Dunkeln kreisrund geöffnet sind – auf diese Weise kann mehr Licht auf die Netzhaut im Auge fallen. Als weitere Anpassung an ein Sehen in der Dämmerung und im Dunkeln haben Krokodilaugen deutlich mehr Stäbchen als Zapfen. Stäbchen sind Sinneszellen, die für das Sehen bei Nacht ausgelegt sind.

Hinter der Netzhaut des Auges befindet sich eine Schicht, die Licht zurückwirft, also reflektiert. Sie heißt Tapetum lucidum und spiegelt Licht, das bereits durch die Netzhaut gedrungen ist. Dieses Licht kann das Auge dann sozusagen ein zweites Mal nutzen. So können Krokodile noch bei schwachem, für uns nicht nutzbarem Restlicht sehen. Strahlst Du Krokodile nachts an, bewirkt das Tapetum lucidum ein typisches, orangefarbenes bis violettes Rückstrahlen. Dieser Umstand ist schon vielen Krokodilen zum Verhängnis geworden, da Jäger das Leuchten der Augen schon aus der Ferne erkennen.

Scharfe Sinne

Tagsüber ruhen Krokodile gewöhnlich, erst nachts werden sie aktiv. Damit sie dann ihre Beute ausmachen können, sind ihre Augen an das Sehen bei Dämmerung und in der Nacht angepasst – wie das funktioniert, erfährst Du auf Seite 32. Krokodile können Farben sehen. Das Krokodilauge ist hauptsächlich für ein Sehen an Land geschaffen, unter Wasser können Krokodile nicht besonders gut sehen. Beim Schwimmen und wenn das Krokodil Beute macht, wird das empfindliche Auge durch ein drittes Lid, die sogenannte Nickhaut geschützt. Das ist eine durchsichtige Schutzmembran, die sozusagen als Taucherbrille dient.

Wie Du schon gelesen hast, liegen die Nasenlöcher auf der Schnauzenspitze und sind verschließbar. Krokodile können sehr gut riechen und finden auf diese Weise beispielsweise tote, im Wasser liegende Tiere, denn sie fressen auch Aas.

Im Vergleich zu anderen Reptilien haben die stimmbegabten Krokodile ein hoch entwickeltes Gehör. Damit können sie selbst in weiter Entfernung ins Wasser springende Beutetiere hören.

Ein ganz besonderes Sinnessystem kannst Du als kleine, rundliche Erhebungen auf den Hautschuppen erkennen: Damit können die Panzerechsen nicht nur Bewegungen oder Vibrationen unter Wasser wahrnehmen, sondern auch Wärmeänderungen.

Gehirn und Nervensystem der Krokodile zeigen viele Übereinstimmungen mit den Vögeln und sind deutlich besser entwickelt als bei den übrigen Reptilien. Daher sind Krokodile deutlich „schlauer".

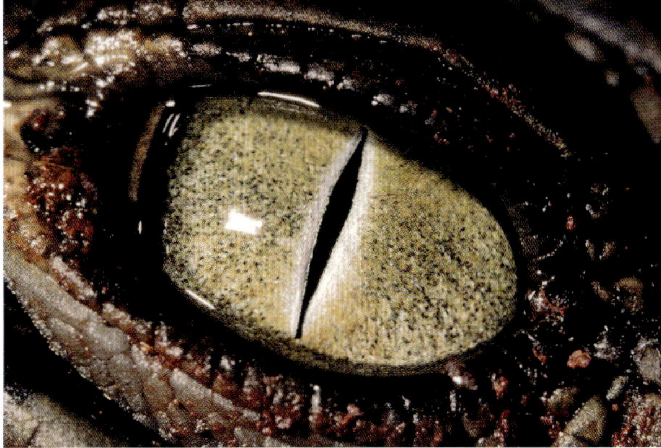

Tagsüber ist die Pupille zu einem Schlitz verengt. Nachts erweitert sie sich und kann dadurch viel mehr Licht einfangen.

Dieser Kaiman konnte die Bewegungen des Fischs unter Wasser spüren und ihn dadurch zielsicher erbeuten

Hier sind die Nasenlöcher geöffnet. Zum Tauchen kann das Krokodil sie fest verschließen

Krokodile sind recht intelligent und lernen zum Beispiel rasch Menschen zu erkennen, die sie regelmäßig füttern

Jagdstrategien

Krokodile sind sehr erfolgreiche Lauerjäger! Vor allem nachts warten sie, weitgehend untergetaucht, auf ihre Beutetiere. Krokodile sind Fleischfresser, die sich sehr vielfältig ernähren. Sie passen sich in der Regel dem Beutespektrum an, das in ihrem Lebensraum vorherrscht. Zur Beute zählen je nach Größe des Krokodils Wirbellose wie Insekten und Krebse sowie Wirbeltiere wie Fische, Frösche, Echsen, Schlangen, Schildkröten, Vögel und Säugetiere. Auch Kannibalismus, also das Fressen kleinerer Artgenossen, ist keine Seltenheit. Einige große Arten können auch dem Menschen gefährlich werden.

Von den trinkenden Gnus und den Zebras unbemerkt, pirschen sich die Nilkrokodile heran

Starke und schwache Muskeln

Dank kräftiger Muskeln entwickeln Krokodile beim Zubeißen einen enormen Kieferdruck, also eine extrem starke Beißkraft. Das ist ja auch wichtig, damit sie ihre Beute sicher festhalten können. Dagegen verfügen sie nur über eine sehr schwache Muskulatur für das Öffnen des Mauls. Darum gibt es Krokodilfänger oder Schausteller, die selbst einem großen Krokodil mit bloßen Händen das Maul zuhalten können.

Ist ein Beutetier ausgemacht, bewegt sich das Krokodil unter Wasser oder an der Wasseroberfläche treibend langsam darauf zu, um es dann blitzschnell zu packen. Ist die Beute einmal ergriffen, sorgen die ineinander greifenden, spitzen Zähne von Ober- und Unterkiefer dafür, dass ein Entkommen nahezu unmöglich wird.

Manche Krokodile jagen sogar gemeinsam. So ist beispielsweise von Brillenkaimanen bekannt, dass sie zusammen Jagd auf Fische machen. Andere Arten können große Beute wie Zebras oder Gnus zu mehreren ergreifen, um sie dann in das Wasser zu ziehen und zu ertränken.

Der hungrige Reiher achtet nur auf die sich bewegenden Fische, nicht auf das starr lauernde Krokodil

Blitzschnell ist das Nilkrokodil aus dem Wasser geschossen und packt das Gnu-Kalb, um es anschließend ins Wasser zu ziehen

Dieser Paraguay-Brillenkaiman hat eine Anakonda erwischt

Danach beißt sich das Krokodil in der Beute fest und reißt ruckartig Stücke heraus oder dreht sich mehrfach schnell um die eigene Längsachse – das nennt man auch die Todesrolle. Das Fressen zu mehreren macht es einfacher, die Beute zu halten und zu zerteilen. Kleinere Beute wird im Ganzen verschluckt.

Welche Form die Schnauze einer Art hat, hängt davon ab, welchen Lebensraum sie bewohnt und wie sie sich ernährt. Arten, die kleine Gewässer bewohnen, besitzen oft eine kurze und breite Schnauze, während auf Fischfang spezialisierte Arten schmale, verlängerte Kiefer haben – das beste Beispiel dafür ist der Gangesgavial.

Nach dem Fressen: Zähne putzen!

Schon seit der Antike gibt es Berichte darüber: Wenn die Panzerechsen mit geöffnetem Maul ruhen, sollen Vögel wie der Krokodilwächter, der Spornkibitz oder der Flussuferläufer furchtlos herbeikommen, um Nahrungsreste und Parasiten zwischen den für andere Tiere so gefährlichen Zähnen zu entfernen. Auf diese Art und Weise würden die Vögel sicher satt, und die Krokodile sind von lästigen Plagegeistern und gammelnden Nahrungsresten befreit. Der Haken an der Geschichte: Ob sie stimmt, weiß niemand. Jedenfalls hat es in unserer Zeit niemand näher untersucht.

Fische sind auch bei großen Krokodilen wie diesem Leistenkrokodil eine beliebte Beute

Die schwimmende Gazelle hat gegen das Nilkrokodil keine Chance

An der Spitze der Nahrungskette

Als Top-Prädatoren, also größte Räuber an der Spitze der Nahrungspyramide, spielen Krokodile eine wichtige Rolle im Haushalt der Natur: Sie tragen mit dazu bei, die Bestände ihrer Beutetiere zu regulieren. Sie „räumen auf", indem sie schwache oder kranke Tiere erbeuten und Aas fressen, also tote Tiere. Auf diese Art und Weise wird die Verbreitung von Krankheiten verhindert.

Einen Pfeilschwanzkrebs hat sich dieser Mississippi-Alligator geschnappt

Nicht ganz ungefährlich ist, was sich dieser Brauen-Glattstirnkaiman als Happen ausgesucht hat: die Lanzenotter ist hochgiftig!

Krokodile können mit ihren Zähnen die Beute nur ergreifen, aber nicht kauen. Darum müssen sie die Beute ganz verschlucken oder zumindest größere Brocken davon. Krokodile haben auch keine Lippen, können also das Maul nicht vollständig verschließen.

Wie Vögel besitzen auch Krokodile einen Muskelmagen, der Reibplatten aufweist. Zusätzlich verschlucken sie gezielt Steine oder andere Gegenstände, die dabei helfen, die Nahrung zu zerkleinern. Solche Steine nennt man auch Gastrolithen. Die Nahrung wird durch starke Magensäfte schnell verdaut. Hat das Krokodil ein stark behaartes oder gefiedertes Tier gefressen, bildet es im Verdauungstrakt Gewölle (Bezoare), die es anschließend auswürgt. Ansonsten werden unverdauliche Nahrungsreste als Kot ausgeschieden.

Krokodilstränen

Zwischen der Nickhaut, die das Auge schützt, und dem Augapfel, also dem eigentlichen Auge, mündet eine Drüse, die das Auge feucht hält. So kann die Nickhaut leicht darübergleiten. Wenn das Krokodil ein großes Beutestück schluckt, ist das ziemlich anstrengend. Dann kann aus dieser Drüse Flüssigkeit tropfenförmig aus den Augen austreten. Dies sieht dann so aus, als ob das Krokodil nach dem Verschlingen seiner Beute weint. Ist in der Umgangssprache davon die Rede, dass jemand „Krokodilstränen" vergießt, so ist damit gemeint, dass es sich um falsche, nicht ehrlich gemeinte Tränen handelt.

Auseinandersetzungen um das Revier

Das Männchen des Mississippi-Alligators lässt seinen Rücken vibrieren und erzeugt dadurch einen Tropfenschleier

Beim Brüllen öffnet der Alligator sein Maul nicht – dennoch ist es ganz schön laut!

Verglichen mit anderen Reptilien werden Krokodile erst spät geschlechtsreif, also erwachsen. Bis es so weit ist, dauert es mehrere Jahre. Allerdings haben die Tiere dann noch längst nicht ihre größte Länge erreicht. Mississippi-Alligatoren beispielsweise werden erst mit sieben bis zehn Jahren erwachsen. Sie sind dann etwa zwei Meter lang. So kleine Männchen können sich allerdings meist noch nicht gegen ältere und größere durchsetzen, wenn es darum geht, Weibchen für sich zu gewinnen. Jedes Männchen versucht nämlich, ein Revier gegen Rivalen zu verteidigen, also ein Gebiet, in dem nur dieses eine Männchen „das Sagen" hat und sich mit Weibchen paaren kann. Bei ihren Auseinandersetzungen und um ihr Revier abzugrenzen sowie um die Weibchen zu beeindrucken, setzen die Männchen verschiedene Signale ein: sichtbare (optische), hörbare (akustische) und geruchliche (olfaktorische). Hierzu zählen Wasserstrahlen, die sie aus den Nasenlöchern pressen, oder ganze Tropfenschleier, die sie dadurch erzeugen, dass sie ihren Rücken vibrieren lassen. Sie Schlagen mit dem Kopf auf das Wasser, brüllen und geben Moschus-Duftstoffe aus Drüsen ab, die an den Unterkiefern und der Kloake sitzen. Neben brüllenden und grunzenden Lauten verständigen sich Krokodile unter Wasser auch mit sehr tiefen Tönen, die wir Menschen nicht hören können. Bei Revierkämpfen können die Männchen einander ernsthaft verletzen.

Wenn es darum geht, ihr Revier zu verteidigen, kennen Krokodilmännchen keinen Spaß. Bei den heftigen Kämpfen, die sie sich liefern, kann es zu schweren Verletzungen kommen.

Ein Australienkrokodil legt im Schutz der Nacht gerade seine Eier ab

Jede Menge Eier

Nachdem sich ein Pärchen gefunden hat, erfolgt die Paarung meist nebeneinander liegend im Wasser. Krokodile sind ovipar, legen also Eier, die wie die der Vögel eine harte Kalkschale besitzen. Je nach Krokodilart und Größe setzt ein Weibchen etwa 10 bis 85 weiße Eier an Land ab, entweder in Bodenmulden (Nistgruben) oder in Nestern (Nisthügeln). Nistgruben sind selbst gegrabene Vertiefungen, in denen die Eier mit Boden oder einer Mischung aus Pflanzen und Boden bedeckt werden. Nisthügel bestehen aus aufgeschichtetem Pflanzenmaterial. Dieses fault allmählich, und das erzeugt Wärme: Das sorgt für die ideale Bruttemperatur im Inneren des Hügels. Nach etwa zwei bis drei Monaten schlüpfen dann die Jungen.

Gemeinschaftswesen und Einzelgänger

Das Verhalten der Krokodile in der Gruppe, das sogenannte Sozialverhalten, ist hoch entwickelt. Damit unterscheidet es sich erheblich von dem der meisten anderen Reptilien. Die Sprache der Krokodile setzt sich aus Bewegungen, Geräuschen und Gerüchen zusammen. Allerdings ist nicht jede Art gleich gesellig. So gibt es in Gruppen lebende und eher einzelgängerische Arten.

Welcher Eierräuber möchte sich schon mit einer zornigen Alligator-Mutter anlegen, die ihren Nisthügel bewacht?

Männchen oder Weibchen?

Bei den Krokodilen werden Männchen größer und kräftiger als die Weibchen. Männchen haben auch einen größeren und breiteren Kopf. Beim Gangesgavial ist es am einfachsten, die Geschlechter zu unterscheiden, weil ausgewachsene Männchen im Gegensatz zu den Weibchen eine knollenartige Verdickung auf der Schnauzenspitze haben, wie Du auf dem Foto siehst. Wahrscheinlich dient sie als Resonanzorgan beim Brüllen, also um die Laute zu verstärken.

Die Temperatur macht's!

Ob aus einem Ei ein männliches oder ein weibliches Jungtier schlüpft, hängt von der Temperatur ab, die in der zweiten und dritten Woche nach der Eiablage herrscht. Bei den meisten Arten entstehen bei Temperaturen bis 31 Grad Celsius und dann wieder ab 33 Grad Celsius Weibchen. Bei Werten von 32 Grad Celsius dagegen schlüpfen fast nur Männchen. Da die Eier in verschiedenen Tiefen der Nistgrube oder des Nisthügels liegen, wo sie jeweils anderen Temperaturen ausgesetzt sind, ist die Wahrscheinlichkeit hoch, dass sich sowohl Männchen als auch Weibchen bilden.

Unter quiekenden Lauten schlüpfen die jungen Alligatoren

Mit ihren Zähnen hilft Mutter Nilkrokodil ihrem Baby dabei, die Eischale zu verlassen

Das junge Nilkrokodil öffnet die Schale. Auf den weiteren Fotos wurden dann Stücke der Schale entfernt, damit Du gut erkennen kannst, wie „zusammengerollt" das Baby im Ei liegt.

Fürsorgliche Mütter

Jungtiere entwickeln im Ei einen so genannten Eizahn. Er sitzt an der Spitze des Oberkiefers. Damit können sie die Kalkschale des Eis aufsprengen, um dann herauszuklettern. Doch helfen Krokodilmütter ihren Jungen bei dieser kräftezehrenden Arbeit auch gerne.

Kurz vor dem Schlupf beginnen die Jungtiere, aus den Eiern heraus quäkend zu rufen. Das ist das Signal für das Muttertier, das Nest aufzugraben und mit den Kiefern Schlupfhilfe zu leisten. So gewaltig Krokodilkiefer auch sein können, so vorsichtig setzt das Muttertier sie bei der Brutpflege ein. Behutsam unterstützt sie damit die Jungen beim Öffnen des Eies.

Geschafft! Das junge Nilkrokodil hat sich aus dem Ei befreit.

Das Muttertier des Philippinenkrokodils zerbeißt die Eierschalen, um dann den Nachwuchs mit dem Maul ins Wasser zu tragen

Ein Nilkrokodil trägt frisch geschlüpfte Junge im Maul zum Wasser

Aber damit ist die Fürsorge der Krokodilmutter bei vielen Arten noch nicht beendet! Ganz sachte ergreift sie die frisch geschlüpften, je nach Art etwa 20 bis 35 Zentimeter langen Jungen mit ihrem Maul und trägt sie vorsichtig zwischen ihren Kiefern zum Wasser. Dort entlässt sie den Nachwuchs unter ihrem wachsamen Blick. Damit verhindert sie, dass die Kleinen auf ihrem Weg zum Wasser Fressfeinden wie Waschbären, Waranen oder großen Vögeln zum Opfer fallen. Auch später noch, beispielsweise wenn Gefahr durch mögliche Fressfeinde droht, flüchten die jungen Krokodile wieder in das mütterliche Maul oder zumindest in die Nähe der Mutter, teilweise über Wochen und Monate.

Unglaublich, wie zart die mächtigen Kiefer des Nilkrokodilmauls mit dem Nachwuchs umgehen

Junge Paraguay-Brillenkaimane haben viele Feinde. Die Nähe zur Mutter bietet Schutz.

Auch das junge Leistenkrokodil lässt sich noch von seiner Mutter bewachen

Gangesgaviale können wegen ihrer schmalen Kiefer ihre Jungen nicht im Maul transportieren. Deshalb bauen sie ihre Nester ganz nahe am Rand des Gewässers. So haben die Jungen nach dem Schlupf keinen weiten Weg bis ins schützende Wasser zurückzulegen.

Ganz schön empfindlich

Die Eier der Krokodile sind besonders sensibel gegenüber klimatischen Änderungen. Bei zu niedrigen und zu hohen Temperaturen beziehungsweise wenn es zu feucht oder zu trocken ist, entwickeln sich die Gelege nicht.

Hier drängen sich die jungen Paraguay-Brillenkaimane um den Kopf ihrer Mutter, um vor Feinden geschützt zu sein

Mit einem raschen Angriff aus dem Hinterhalt hat der Jaguar den Paraguay-Brillenkaiman überrascht und setzt seinen tödlichen Biss an

Nun schleppt er seine Beute an Land, um sie dort in Ruhe zu verzehren

Natürliche Feinde

Krokodileier und junge Krokodile haben viele natürliche Feinde. Gerade deswegen bewachen die Mutter oder manchmal sogar beide Elternteile die Nester und Jungtiere ja so aufmerksam. So graben Warane gerne Krokodilgelege aus, um an die nahrhaften Eier zu gelangen. Im Wasser stellen Fische, Wasserschildkröten, Schlangen und Vögel wie Reiher, Greifvögel und Marabus den Jungen nach. Auch Säugetiere wie beispielsweise Schweine, Waschbären und Ratten machen Jagd auf die Krokodilbrut. Krankheiten, Pilzbefall und Parasiten können den kleinen Krokodilen ebenfalls zu schaffen machen.

Groß frisst Klein

Kannibalismus tritt bei Krokodilen nicht selten auf, große Exemplare fressen also schon einmal kleine.

Je größer die jungen Krokodile werden, desto kleiner wird die Anzahl ihrer natürlichen Feinde. Allerdings können selbst mittelgroße Krokodile noch von Riesenschlangen wie der Anakonda oder Großkatzen wie Leopard, Löwe und Tiger attackiert und erbeutet werden. Der Jaguar ist sogar ein regelrechter Krokodiljäger, der Kaimanen auf Sandbänken und in Gewässern nachstellt. Elefanten und Flusspferde erbeuten als Pflanzenfresser zwar natürlich keine Krokodile, doch können übellaunige Vertreter Krokodilen durchaus gefährlich werden. Ansonsten haben ausgewachsene Krokodile außer dem Menschen kaum noch natürliche Feinde.

Ein Keilschwanzadler hat ein Ei des Leistenkrokodils gefunden und geöffnet, um sich den Inhalt schmecken zu lassen

Auf einem Foto auf Seite 37 hatte ein Paraguay-Brillenkaiman eine Anakonda erbeutet. Hier ist es umgekehrt ...

Flusspferde mögen keine Krokodile, da diese ihren Jungen gefährlich werden könnten

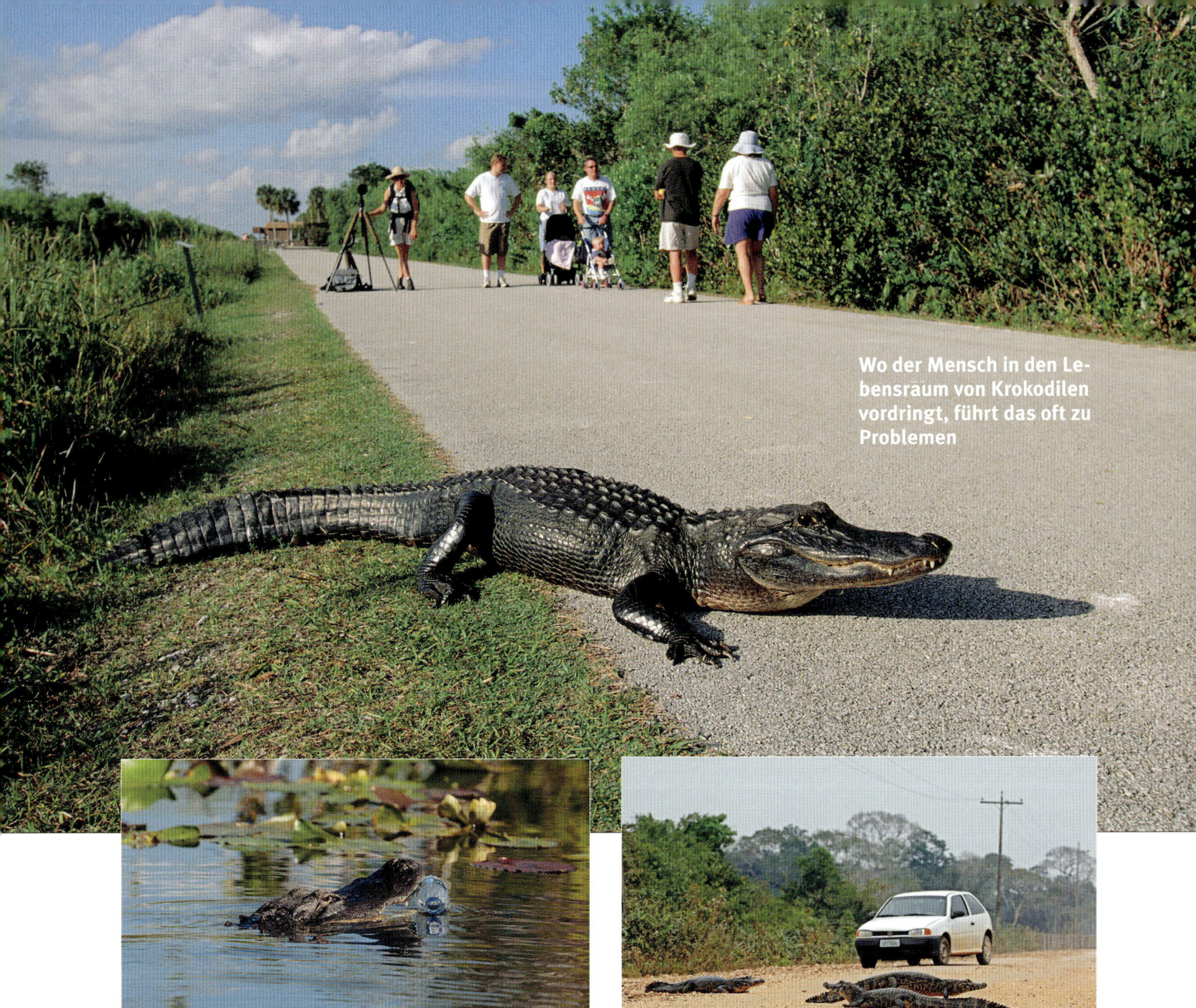

Wo der Mensch in den Lebensraum von Krokodilen vordringt, führt das oft zu Problemen

Wenn der Alligator die achtlos ins Wasser geworfene Plastikflasche frisst, kann er daran zugrunde gehen

Für die Paraguay-Brillenkaimane kann das Sonnenbad auf der Straße schnell tödlich enden

Bedrohung

Nahezu alle Krokodilarten sind heutzutage dadurch bedroht, dass ihre Lebensräume vom Menschen genutzt, zerstückelt, verschmutzt oder sogar vollständig zerstört werden. Zudem hat der Mensch die Krokodile in vielen Gegenden stark bejagt oder sogar an den Rand der Ausrottung gebracht.

Krokodile werden vielerorts als Gefahr für den Menschen angesehen, und die Menschen stellen ihnen aus Furcht oder als Nahrungskonkurrenten nach. Das Fleisch und die Eier aller Kaimanarten zählen zudem zu den natürlichen Nahrungsmitteln der armen Landbevölkerung in Mittel- und Südamerika.

Aus Angst vor Angriffen wurde dieses Leistenkrokodil von Einheimischen gefangen

Produkte aus dem Kopf und dem Leder des Mississippi-Alligators

Im Westen Afrikas wird unter anderem Stumpfkrokodilen nachgestellt. Das erbeutete „Buschfleisch" – Fleisch von in der Natur erlegten Tierarten – wird auf Märkten angeboten und verzehrt.

Die Haut vieler Krokodilarten ist in der Lederindustrie sehr begehrt. Insbesondere aus der hochwertigen, besonders weichen Bauchhaut mancher Arten mit ihren schön geformten Schuppen werden Handtaschen, Gürtel, Armbänder, Koffer und Schuhe hergestellt. Gefangen werden Krokodile aber auch für den Handel mit lebenden Tieren, die traditionelle chinesische Medizin sowie die Schmuck- und Andenken-Industrie. Dort werden sie zum Beispiel in Form von ausgestopften Jungtieren oder aus Köpfen oder Füßen bestehenden Schlüsselanhängern verkauft.

Von der Ausrottung bedroht

Vor allem die unkontrollierte kommerzielle, also allein auf Gewinnerzielung ausgerichtete Nutzung von natürlichen Krokodilvorkommen war und ist immer noch bedrohlich, weil sie dazu führen kann, dass ganze Bestände oder sogar Arten komplett ausgerottet werden.

Ein Krokodilschützer entnimmt die Eier aus dem Nest eines gewilderten Breitschnauzenkaimans, um sie im Labor geschützt auszubrüten

Nach dem Schlupf und dem Heranziehen unter menschlicher Obhut werden die Jungtiere im Lebensraum ausgesetzt

Schutz

Um der Zerstörung der Lebensräume von Krokodilen entgegenzuwirken, ist es besonders wichtig, Schutzgebiete einzurichten. Solche Schutzzonen helfen außerdem dabei, Konflikten und Unfällen zwischen Mensch und Krokodil vorzubeugen. Weiterhin gibt es mittlerweile strenge Jagd- und Handelsverbote. So regelt und überwacht beispielsweise das Washingtoner Artenschutzübereinkommen den weltweiten Handel mit Krokodilen und Erzeugnissen, die aus ihnen hergestellt werden.

Finger weg von makaberen Urlaubsmitbringseln!

Krokodile sind heutzutage streng geschützt. Wer zum Beispiel im Urlaub ein ausgestopftes Krokodil wie das hier abgebildete ohne Erlaubnis-Dokumente erwirbt und bei der Kontrolle am Flughafen entdeckt wird, muss mit empfindlichen Strafen rechnen.

Forscher wildern Orinokokrokodile aus

Eine gewisse, kontrollierte Nutzung ist bei vielen Arten erlaubt, allerdings nur mit Genehmigungen der Behörden.

Leider ist es für die Betreuer der Schutzgebiete, die Ranger, nicht so leicht, die letzten Lebensräume der Krokodile vor Ort zu kontrollieren, da die Urwälder und Sümpfe schwer begehbar sind. Hier haben es Jäger immer noch leicht, Krokodile illegal, also unerlaubt, zu bejagen.

Noch Hoffnung?

China-Alligator, Gangesgavial, Kubakrokodil, Orinokokrokodil, Philippinenkrokodil und Siamkrokodil (ein Exemplar dieser Art siehst Du auf dem Foto) sind die am stärksten gefährdeten Krokodilarten: Sie alle sind von der Ausrottung bedroht und bedürfen daher dringender Schutzmaßnahmen.

Fütterung von halbwüchsigen Nilkrokodilen

Auf manchen Farmen wie hier in Thailand finden auch fragwürdige Shows statt. So etwas ist extrem gefährlich. Man sollte solche Darbietungen besser nicht zeigen und auch nicht durch Besuche unterstützen.

Krokodilfarmen

Eine eigentlich gute Lösung, um die Nachfrage nach dem Fleisch und der Haut von Krokodilen zu decken, sind Krokodilfarmen. Dort werden verschiedene Krokodilarten gehalten und vermehrt. Der Nachwuchs dient dann als Fleisch- und Lederlieferanten. Krokodilfarmen können auch helfen, die natürlichen Bestände wieder aufzustocken, indem in Farmen vermehrte Krokodile kontrolliert wieder in die Natur entlassen werden.

Krokodilfarmen sind zudem auch Touristenattraktionen, denn dort können Besucher die Tiere einmal ganz nah sehen. Im Idealfall tragen die Farmen also dazu bei, für den Erhalt der Krokodile zu werben. Dazu gehören aber sicher nicht fragwürdige Vorstellungen mit trainierten Krokodilen, bei denen der Pfleger sein Leben riskiert und zum Beispiel seinen Kopf in den Rachen eines Krokodils steckt!

Heute gibt es Krokodilfarmen in vielen Regionen der Erde

Auf dieser Krokodilfarm in Südafrika werden Nilkrokodile gezüchtet

Nachteile von Farmen

Problematisch bei Krokodilfarmen ist, dass viele Exemplare auf engstem Raum gehalten werden. Dies kann zum seuchenhaften Ausbruch von Krankheiten führen. Auch kann es zu Kreuzungen kommen, also zu Mischlingen aus verschiedenen Arten. Teils ist dies sogar gewollt, weil das Leder besonders gut zu nutzen ist. Entweichen Mischlinge aber zum Beispiel infolge von Überschwemmungen in die Natur, kann dies die natürlichen Bestände insbesondere kleiner Krokodilvorkommen bedrohen, da sie sich in der Natur mit reinen Arten paaren können – dann aber wird das Erbgut solcher Arten verfälscht.

Wie hier im Aquarium des Kölner Zoos sind moderne Krokodilanlagen geräumig und abwechslungsreich gestaltet

Moderne Krokodilhaltung in zoologischen Gärten

Heute dienen Zoos als moderne Arche Noah. Hier können nämlich Tierarten, die in freier Wildbahn bedroht sind, in Menschenobhut gehalten, vermehrt und bei Bedarf sogar wieder ausgewildert werden. Solche Erhaltungszuchtprogramme gibt es auch für bedrohte Krokodilarten.

Nichts für zu Hause!

Da Krokodile geschützt sind, zur Pflege geeignete, geräumige Anlagen mit Wasser- und Landteilen, viel Technik sowie umfangreiches Expertenwissen brauchen und zudem auch recht wehrhaft sind, sollte ihre Haltung darauf spezialisierten zoologischen Gärten vorbehalten bleiben.

Zoos können durch Nachzucht dazu beitragen, seltene Krokodilarten, wie das hier gezeigte Philippinenkrokodilpärchen im Kölner Zoo, zu erhalten und bei den Besuchern das Wissen über sie zu vermehren

So wird beispielsweise im Kölner Zoo, wo ich arbeite, das Europäische Zuchtbuch für das Philippinenkrokodil geführt. Von dieser nur auf den Philippinen vorkommenden Art gibt es nämlich nur noch ganz wenige Exemplare in freier Wildbahn. Haltung und Vermehrung in Zoos sollen daher helfen, den Fortbestand der Art zu sichern. Zusätzlich unterstützen Zoos Naturschutzmaßnahmen in den Lebensräumen der Arten.

Der Autor dieses Buchs, Thomas Ziegler, betrachtet Nachwuchs der Philippinenkrokodile, der im Aquarium des Kölner Zoos geschlüpft ist

Una heißt das erste in einem europäischen Zoo geschlüpfte Philippinenkrokodil; an der Schnauzenspitze kann man noch den Eizahn erkennen, der sich kurz nach dem Schlupf wieder zurückbildet

Schau mal!

Vielleicht hast Du Glück und kannst einmal in einem Zoo ein Target-Training von Krokodilen miterleben. Damit können wir den Zoobesuchern auch vermitteln, wie intelligent Krokodile sind.

Damit Tierpfleger eine Krokodilanlage gefahrlos zum Reinigen betreten können, wird mit Schiebern gearbeitet: Verschiedene Bereiche der Anlage sind durch von außen sicher verschließbare Türen – die Schieber – miteinander verbunden. Durch diese Türen lockt der Tierpfleger ein oder mehrere Krokodile in einen anderen Anlagenbereich. Dies geschieht am einfachsten mittels des „Target"-Trainings. „Target" ist ein englisches Wort und bedeutet „Ziel". Beim Target-Training ruft der Pfleger ein Krokodil beim Namen und gibt ein Kommando. Das Tier muss dann ein farblich markiertes Target – zumeist ein Stock mit einem farbigen Ende – mit der Schnauze berühren. Es wird dann mit dem Stockende sanft über den Kopf gestreichelt und schließlich mit einer kleinen Portion Futter belohnt. Das macht den intelligenten Krokodilen Spaß! Ihr Alltag wird auf diese Weise abwechslungsreicher, und der Pfleger kann das Krokodil einfach und sicher dorthin lenken, wo er es haben will.

Das Target-Training hilft weiterhin, Auseinandersetzungen bei der Fütterung zu verhindern, sich streitende Tiere schnell voneinander zu trennen und so Verletzungen zu vermeiden. Das ist beispielsweise bei den relativ einzelgängerisch lebenden und manchmal aggressiv reagierenden Philippinenkrokodilen nötig. Sie können eigentlich nur zur Fortpflanzungszeit zueinander gelassen werden.

Dieses moderne Haltungskonzept ist im Kölner Zoo aufgegangen: Im Jahr 2013 gelang dort nämlich erstmals die Vermehrung der schwierig zu haltenden Philippinenkrokodile in Europa. Anschließend folgten weitere Nachzuchten und es wurden sogar schon Jungtiere auf die Philippinen geflogen, um sie dort auszuwildern. So können die Kölner Jungtiere dazu beitragen, den Fortbestand ihrer vom Aussterben bedrohten Art in der Natur zu sichern.

Beitrag zum Schutz der Krokodile

Attraktive Schauanlagen in Zoos tragen mit dazu bei, auf Krokodile aufmerksam zu machen, auf ihre Bedrohung und die Notwendigkeit, sie zu schützen. Durch Öffentlichkeitsarbeit, Aufklärungskampagnen und Erhaltungszucht sowie Wiederauswilderung leisten Zoos einen wichtigen Beitrag zum Krokodilschutz.

Transportboxen vor der Philippinenkrokodilanlage im Kölner Zoo

Comiczeichnung eines der aus Köln in die Heimat fliegenden jungen Philippinenkrokodile. Auf der Seite des Flugzeugs siehst Du die Nationalflagge der Philippinen und hinten die zwei Spitzen des Kölner Doms

Ein herzliches Willkommen durch die Artenschutz-Kooperationspartner des Kölner Zoos am Flughafen auf den Philippinen

Schutzgebiet auf der Insel Siargao

Großes Krokodil-Quiz

Du bist jetzt ja schon ein richtiger Krokodil-Experte! Vielleicht hast Du Lust, Dein Wissen zu testen? Dann kreuze bei jeder der nachfolgenden Fragen die Antwort oder manchmal auch mehrere Antworten mit Bleistift an, die Du für richtig hältst. Die Auflösung findest Du auf Seite 64.

1. Wer ist mit den Krokodilen am nächsten verwandt?

a) die Schlangen ❍
b) die Vögel ❍
c) die Säugetiere ❍

2. Wie werden Krokodile noch bezeichnet?

a) Drachen ❍
b) Molche ❍
c) Panzerechsen ❍

3. Was ist verglichen mit den übrigen Reptilien das Besondere am Herzen der Krokodile?

a) es ist zweikammerig ❍
b) es ist vierkammerig ❍
c) die Herzscheidewand ist offen ❍
d) die Herzscheidewand ist geschlossen ❍

4. Wie viele Zähne hat ein Krokodil?

a) zwischen 10 und 20 ❍
b) zwischen 60 und 110 ❍
c) zwischen 150 und 200 ❍

5. Wo liegen die natürlichen Vorkommen heute lebender Krokodilarten?

a) in den Tropen und Subtropen, wo ein feuchtwarmes Klima vorherrscht ❍
b) in Europa ❍
c) in Deutschland ❍

6. Krokodile sind wechselwarm, darum müssen sie:

a) zittern, um sich aufzuwärmen ❍
b) regelmäßig sonnenbaden ❍
c) viel nießen ❍

7. Krokodile leben

a) nur im Süßwasser ❍
b) nur im Meerwasser ❍
c) überwiegend im Süßwasser, doch können manche Arten bis ins Meer vordringen ❍

8. Wie heißen die drei Großgruppen heutzutage vorkommender Krokodile?

a) Echte Krokodile ❍
b) Drachenechsen ❍
c) Gaviale ❍
d) Alligatoren und Kaimane ❍
e) Kieselwürmer ❍

9. Woran erkennst Du Gaviale?

a) an der verbreiterten Schnauze .... ❍
b) an der langen, dünnen Schnauze .... ❍
c) an den bei geschlossenem Maul von außen nicht sichtbaren Unterkieferzähnen .... ❍

10. Wie viele Krokodilarten gibt es?

a) etwa 18 .... ❍
b) etwa 28 .... ❍
c) etwa 38 .... ❍

11. Was ist das Tapetum lucidum?

a) ein Belag, der für die Wände von Krokodilanlagen genutzt wird .... ❍
b) eine gefährliche Krokodilkrankheit ❍
c) eine reflektierende Schicht hinter der Netzhaut des Auges .... ❍

12. Was sind Gastrolithen?

a) Bauchschuppen .... ❍
b) Magensteine .... ❍
c) Bezoare .... ❍

13. Bei den Krokodilen werden ...

a) ... Weibchen größer und kräftiger als die Männchen .... ❍
b) ... Männchen größer und kräftiger als die Weibchen .... ❍
c) ... die Geschlechter stets gleich groß.. ❍

14. Krokodile ...

a) ... legen Eier .... ❍
b) ... bringen lebende Junge zur Welt .. ❍
c) ... säugen ihre Jungen .... ❍

15) Die Gelege der Krokodile findest Du je nach Art in ...

a) ... Vogelnestern .... ❍
b) ... Nisthügeln .... ❍
c) ... Astgabeln .... ❍
d) ... Nistgruben .... ❍

16. Ob aus Eiern Männchen oder Weibchen schlüpfen, entscheidet die ...

a) ... Verfügbarkeit von Nahrung .... ❍
b) ... Temperatur .... ❍
c) ... Krokodilmutter .... ❍

17. Wie bringt die Krokodilmutter die Jungen nach dem Schlupf ins Wasser?

a) in einer speziellen Bruttasche .... ❍
b) auf ihrem breiten Rücken .... ❍
c) in ihrem Maul .... ❍

18. Zu den Bedrohungen der Krokodile zählen ...

a) ... die Lebensraumzerstörung .... ❍
b) ... illegale Jagd .... ❍
c) ... Erhaltungszuchtprogramme .... ❍

19. Was machen Sumpfkrokodile, um Reiher anzulocken?

a) Sie balancieren Äste auf der Schnauze ❍
b) Sie ahmen die Rufe der Reiher nach .. ❍
c) Sie tarnen sich mit Reiherfedern ..... ❍

20. Welchen Beitrag können Zoos dazu leisten, um Krokodile zu schützen?

a) Sie können über die Lebensweise der Tiere informieren .... ❍
b) Sie können für ihren Schutz werben ... ❍
c) Sie können bedrohte Arten vermehren und auswildern .... ❍

Hast auch Du ein Herz für Krokodile?

Lösungen zum Großen Krokodil-Quiz

1) b: Die Vögel sind mit den Krokodilen am nächsten verwandt.
2) c: Krokodile werden auch als Panzerechsen bezeichnet.
3) b, d: Das Besondere am Herzen der Krokodile ist, dass es vierkammerig ist und eine geschlossene Herzscheidewand hat.
4) b: Je nach Art haben Krokodile 60 bis 110 Zähne.
5) a: Die heute vorkommenden Krokodilarten leben in den Tropen und Subtropen, wo ein feuchtwarmes Klima vorherrscht.
6) b: Da Krokodile wechselwarm (ektotherm) sind, müssen sie regelmäßig sonnenbaden, um sich auf „Betriebstemperatur" zu bringen.
7) c: Krokodile leben überwiegend im Süßwasser, doch können manche Arten bis ins Meer vordringen.
8) a, c und d: Die drei Großgruppen heute vorkommender Krokodile heißen Echte Krokodile, Gaviale sowie Alligatoren und Kaimane.
9) b: Gaviale erkennst Du an der langen, dünnen Schnauze.
10) b: Es gibt ca. 28 derzeit lebende Krokodilarten.
11) c: Das Tapetum lucidum ist eine reflektierende Schicht hinter der Netzhaut des Auges.
12) b: Gastrolithen sind Magensteine bei Krokodilen.
13) b: Bei den Krokodilen werden die Männchen größer und kräftiger als die Weibchen.
14) a: Krokodile legen Eier.
15) b, d: Die Gelege der Krokodile findest Du je nach Art in Nisthügeln oder Nistgruben.
16) b: Ob aus Eiern Männchen oder Weibchen schlüpfen, entscheidet die Temperatur.
17) c: Die Krokodilmutter bringt die Jungen nach dem Schlupf mit ihrem Maul ins Wasser.
18) a, b: Zu den Bedrohungen der Krokodile zählen die Lebensraumzerstörung und die illegale Jagd.
19) a: Sumpfkrokodile balancieren Äste auf der Schnauze, um Reiher anzulocken, die Nistmaterial suchen.
20) a, b und c: Zoos können ihre Besucher über Krokodile informieren, für ihren Schutz werben und bedrohte Arten vermehren sowie die Jungtiere auswildern.

Entdecke die Reihe mit der Eule!

Entdecke die Eulen

Entdecke die Greifvögel

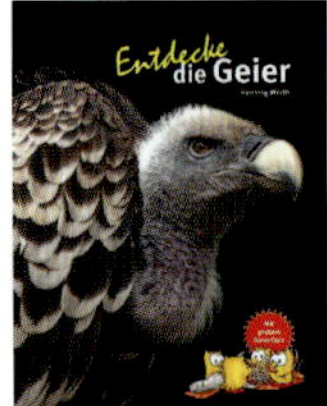

Entdecke die Geier

Entdecke die Rabenvögel

Entdecke die Spechte

Entdecke die Finken

Entdecke die Spatzen

Entdecke die Eisvögel

Entdecke die Zugvögel

Entdecke die Singvögel

Entdecke die Meisen

Entdecke die Kraniche

Entdecke die Störche

Entdecke Schwäne, Gänse & Enten

Entdecke die Möwen

Entdecke die Pinguine

Entdecke die Papageien

Entdecke die Kolibris

Entdecke die Fledermäuse

Entdecke die Hunde

Entdecke die Kühe

Entdecke die Pferde

Entdecke die Esel

Entdecke die Nagetiere

Entdecke die Igel

Entdecke die Maulwürfe

Entdecke die Waschbären

Entdecke die Biber

Entdecke die Otter

Entdecke heimische Wildtiere

Entdecke die Wölfe

Entdecke die Bären

Entdecke die Tiger

Entdecke die Menschenaffen

Entdecke Affen und Lemuren

Entdecke die Hyänen

Entdecke die Pandas

Entdecke die Elefanten

Entdecke die Nashörner

Entdecke die Erdmännchen

Entdecke die Beuteltiere

Entdecke die Robben

Natur und Tier - Verlag GmbH
An der Kleimannbrücke 39/41 · 48157 Münster
Telefon: 0251 - 13339-0 · Fax: 0251 - 13339-33
E-Mail: verlag@ms-verlag.de · www.ms-verlag.de